Wie die Giraffe zu ihrem langen Hals kam

und andere Fabeln aus Tansania

Gesammelt von Simoni Malya
mit Bildern von Omari Amonde

Herausgegeben und mit einem Nachwort versehen von Ingrid Jaax

Jugenddienst-Verlag

OMARI AMONDE ABDULLAH
wurde 1949 an der Grenze zu Mozambique geboren. Er gehört zur Volksgruppe der Makua, Nachbarn der durch die Schnitzereien bekannten Makonde. 1971 kam er nach Dar es Salaam, nachdem er auf einer Tabakfarm und Sisalplantage in Tanga gearbeitet hatte. Er zog in das Haus seines Vetters Tinga-Tinga, der ihn zum Malen ermutigte und anlernte.
Heute ist der Malbetrieb im Vorort Msasani als Kooperative organisiert, jedes Mitglied zahlt einen bestimmten Betrag pro Monat ein, davon werden Farben und Hartfaserplatten gekauft.

SIMONI MALYA
wurde 1939 in Moshi (Kilimandscharo) geboren. Nach dem Studium an der Universität in Dar es Salaam arbeitete er als Dozent am Institut für Erwachsenenbildung. Zur Zeit ist er als Berater für Erwachsenenbildung und ländliche Entwicklung in Mozambique tätig.

Inhalt

4

Der Tod der neun Löwenkinder

Vater und Mutter Löwe hatten zehn Kinder. Sie mußten jeden Tag auf die Jagd gehen, damit genügend zu Essen da war.

Weil die Kinder nicht allein gelassen werden konnten, suchte das Löwenpaar ein Kindermädchen. Der Hase bat um diese Stelle und wurde eingestellt. Er war sehr dankbar, weil sicherlich von der Jagdbeute auch für ihn genug zu essen übrig bleiben würde.

Eines Tages gingen der Löwe und seine Frau wieder auf die Jagd. Die Hyänen hatten schon längst davon gehört, daß der Hase als Kindermädchen bei der Löwenfamilie arbeitete. Als die Löweneltern fort waren, schlichen die Hyänen zum Hasen und sagten zu ihm: „Hör mal zu, Hase, wir haben Hunger. Entweder, du gibst uns ein Löwenkind zu fressen, oder wir fressen dich auf." Der Hase, in seiner Not, gab ihnen eines der Löwenkinder. Sie fraßen es auf und liefen fort. Am Nachmittag kamen die Löweneltern von der Jagd zurück und brachten reichlich zu fressen mit. Der Hase begrüßte sie sehr höflich und tat ganz unschuldig wie ein braves Kindermädchen.

Die Löwen hatten die Angewohnheit, sich nach der Jagd vor den Eingang der Höhle zu setzen und sich vom Hasen ein Kind nach dem anderen zum Füttern und Stillen bringen zu lassen.

Der Hase brachte das erste Kind. Als dieses satt war, brachte er es zurück in die Höhle und kam mit dem zweiten Kind. Das ging weiter, bis das neunte Löwenkind gefüttert war. Damit die Löweneltern nicht merkten, daß eines der Kinder fehlte, brachte er das erste Löwenkind noch einmal zum Stillen heraus. So dachten die Löweneltern, daß alle ihre Kinder wohlauf seien.

Tags darauf gingen die Löweneltern wieder auf die Jagd. Kaum waren sie fort, kamen die Hyänen wieder und drohten dem Hasen, ihn zu fressen, bis er ihnen das zweite Löwenkind gab.

Am Nachmittag kamen die Löweneltern zurück mit ihrer Beute. Wie gewöhnlich wollten sie ihre Kinder füttern. Der Hase trug auch diesmal die Kinder heraus. Da das neunte und zehnte Löwenkind jedoch von den Hyänen aufgefressen war, brachte der Hase die ersten beiden ein zweites Mal zum Stillen. Das Elternpaar zweifelte auch diesmal nicht daran, daß es allen Kindern gut ginge.

Tag für Tag gingen die Löweneltern auf die Jagd, und Tag für Tag kamen die Hyänen und bedrohten den Hasen solange, bis er ihnen ein Löwenkind zu fressen gab. Als nur noch drei Löwenkinder am Leben waren, beklagte sich die Löwenmutter beim Hasen und sagte: „Ich verstehe nicht, warum einige meiner Kinder gar nicht gestillt werden wollen." Der

Hase hatte sofort eine Antwort parat: „In letzter Zeit, Frau Löwe, bringen Sie sehr viel Fleisch mit von der Jagd. Die Kinder essen wohl das Fleisch lieber, als daß sie Milch trinken. So wachsen sie ja auch schneller."

Am nächsten Tag gingen die Löweneltern wieder auf die Jagd. Kaum waren sie fort, da waren auch die Hyänen wieder da. Der Hase flehte sie an: „Ich bitte euch, ihr lieben Hyänen, es sind nur noch zwei Löwenkinder übrig. Wollt ihr, daß die Löwen mich töten? Ich flehe euch an, habt Erbarmen. Bitte, wenn ihr so hungrig seid, dann will ich euch von der Beute genug zu fressen geben."

Die Hyänen wollten von dem Vorschlag nichts wissen, sie wollten nichts von der Beute, sondern ein Löwenkind: „Wir wollen das junge Löwenfleisch, weil es so gut schmeckt. Wir könnten sonst auch dich fressen, denn Hasenfleisch schmeckt uns auch. Also entscheide dich schnell. Entweder du oder ein Löwenkind." In seiner Angst gehorchte der Hase wieder, und es war jetzt nur noch ein Löwenkind übrig.

Als die Löweneltern zurückkehrten, hatten sie sehr viel Fleisch mitgebracht und verlangten, ihre Kinder zu füttern. Als das zehnte und letzte Löwenkind gefressen hatte, brachte der Hase es zurück in die Höhle und holte es ein zweites, ein drittes, ein viertes Mal, aber das Löwenkind weigerte sich, so oft gefüttert zu werden.

Die Löwenmutter wunderte sich und fragte den Hasen: „Was ist denn heute los? Warum bringst du mir immer wieder dasselbe Kind, ich erkenne es an dem Fleckchen auf der Nase. Laß mich mal in die Höhle, ich möchte selber nach den Kindern sehen." In der Höhle stellte sie mit Entsetzen fest, daß nur noch eines ihrer Kinder dort war. Sie lief zum Löwenvater und erzählte ihm unter Tränen, was sie in der Höhle gesehen hatte. Die Eltern waren sehr traurig und verzweifelt, und sie verlangen eine Erklärung.

Zitternd vor Angst erzählte der Hase von den Hyänen, die ihn bedroht hatten und denen er die Kinder opfern mußte. Die Löweneltern berieten sich und kamen zu dem Schluß, zur Strafe den Hasen zu töten. Der Hase gab seine Schuld zu und zeigte tiefe Reue: „Es ist mir klar, daß ich meine Aufgabe nicht erfüllt habe, und ich finde, das ist eine gerechte Strafe. Nur habe ich noch eine Bitte: Wenn ihr mich fressen wollt, dann müßt ihr mein Fleisch sehr sorgsam zubereiten, weil es anders ist, als das Fleisch der meisten Tiere. Erlaubt mir, in den Busch zu gehen und euch eine ganz bestimmte Holzsorte zu holen, die am besten für die Zubereitung geeignet ist, damit es euch auch bestimmt gut schmeckt."

Der Löwe lehnte diesen Vorschlag ab, denn er erkannte den Versuch des Hasen, so zu entkommen und sich zu retten. Aber der Hase hatte sofort einen neuen Vorschlag: „Wenn ihr glaubt, ich würde

weglaufen, dann bindet mir doch einen langen Strick um. Sobald ich genügend Holz beisammen habe, werde ich an der Leine ziehen und ihr könnt mich so zurückholen. Wenn ihr mich festbindet, kann ich doch nicht entfliehen!"

Damit war der Löwenvater einverstanden, und er band dem Hasen einen langen Strick um den Hals. Dann nahm der Hase eine Axt und ging in den Busch. Er hatte schnell genügend Holz beisammen, doch wartete er noch eine Weile, denn er hoffte, die Hyänen zu treffen. Und richtig: „Was machst du denn hier", fragte eine der Hyänen. „Ihr habt die Löweneltern sehr traurig gemacht", sprach der Hase. „Als sie merkten, daß neun der Kinder nicht mehr da waren, wollten sie nicht länger in der Höhle bleiben. Sie zogen aus und ließen das viele schöne Fleisch zurück. Nun sammle ich hier Holz, um mir das Fleisch ganz besonders gut zu braten. Ich werde es ganz langsam und genüßlich verzehren, bis ich eine neue Arbeit gefunden habe."

„Stimmt das wirklich, daß die Löwen fortgezogen sind und dir das ganze Fleisch überlassen haben?" fragten die gierigen Hyänen. „Wenn ihr mir nicht glaubt, dann nehmt doch das Brennholz und geht zu der Höhle und überzeugt euch selber", antwortete der Hase. Die gefräßigen Hyänen waren sofort damit einverstanden.

„An eine Sache möchte ich euch noch erinnern", fuhr der Hase fort, „es ist ein sehr weiter Weg von hier bis zur Höhle und ihr könntet euch verlaufen. Deshalb ist es sicherer, ihr bindet euch an diesen Strick, so gelangt ihr sicher bis zur Höhle." Der Hase knotete sich vorsichtig los, band die Hyänen fest und zog kräftig an der Leine.

Als die beiden Löwen die Hyänen sahen, wurden sie so wütend, daß sie diese auf der Stelle töteten. — Mit dieser List rettete der schlaue Hase sein Leben, obwohl er den Tod der Löwenkinder mitverschuldet hatte.

Ojaja Monde

Warum jeder einmal sterben muß

Als vor sehr langer Zeit der Schöpfer die Erde und die Lebewesen gemacht hatte, war er damit sehr zufrieden. Am meisten aber liebte er die Menschen. Deshalb beschloß er: „Menschen, ihr werdet nicht sterben müssen, sondern genau wie ich, ewig leben.“ Und er entließ die Menschen mit den anderen Lebewesen hinaus in das endlose, schöne und weite Land, damit sie sich von seiner Großzügigkeit überzeugen konnten.

Nach vielen, vielen Jahren wollte der Schöpfer sehen, wie sich seine Geschöpfe in dieser Welt miteinander vertrugen. So beobachtete er ein Chamäleon und eine Pythonschlange, die eines Tages an ihm vorüberzogen. Von diesen beiden gefiel dem Schöpfer das Chamäleon in seiner bescheidenen Art besser als die Schlange. Deshalb sprach er das Chamäleon an und gab ihm einen Auftrag: „Ich möchte, daß du zu den Menschen gehst und ihnen sagst, daß, wenn sie weiter so leben wie bisher und mich weiter achten, sie den Tod nicht kennenlernen werden.“

Das Chamäleon verstand und machte sich sofort auf den Weg. Da es sich aber Zeit ließ und sich nach jedem Schritt aufrichtete und ein wenig tänzelnd umherschaute, dauerte es fast eine Woche, bis es die Menschen erreichte.

Die Schlange war neidisch, sie hatte das Gespräch mit dem Schöpfer belauscht und wunderte sich. Warum hatte der Schöpfer in solch einem wichtigen Fall nicht sie geschickt? Er wußte doch genau, daß sie viel schneller sein konnte, um den Auftrag auszuführen. Diese Frage bedrückte die Schlange so sehr, daß sie zum Schöpfer ging. Scheinheilig fragte sie: „Hast du das Chamäleon mit einer Botschaft fortgeschickt?“ Natürlich wußte der Schöpfer genau, worauf sie hinauswollte. „Oh ja“, antwortete er, ,,warum willst du das wissen?“ ,,Ich habe das Chamäleon seit der Zeit nicht mehr gesehen, als du es zu dir gerufen hast. Da habe ich mich gefragt, ob ihm vielleicht etwas zugestoßen ist“, schwindelte die Schlange und fragte dann: „Kann ich vielleicht jetzt gehen?“ — „Du bist immer frei gewesen dorthin zu gehen, wohin du wolltest. Warum fragst du mich jetzt plötzlich um Erlaubnis?“ erwiderte er zweideutig. Doch ohne zu antworten, zog die Schlange davon.

Auf eigene Faust machte sich nun die Schlange auf den Weg zu den Menschen; sie wollte ihnen die gleiche Botschaft bringen, die dem Chamäleon vom Schöpfer gegeben worden war. Mit ihrer Schnelligkeit erreichte sie ihr Ziel gerade zu der Zeit, als das Chamäleon begann, den Menschen die Botschaft zu verkünden:

„Ich bin vom Schöpfer gesandt worden. Ich soll euch sagen, daß ihr ... daß ihr ... daß ihr ...“ Als die Menschen das laut rufende Chamäleon bemerkten, versammelten sie sich alle um den Ameisenhaufen, von dem aus es sprach, um die Nachricht zu hören. Zu ihrem Ärgernis wiederholte das Chamäleon aber nur immer wieder: „Ich bin vom Schöpfer gesandt worden. Ich soll euch sagen, daß ihr ... daß ihr ...!“ Mehr brachte es nicht heraus. Die Menschen wurden dadurch immer neugieriger und schließlich ungeduldig.

Als nun die Schlange keuchend angestürmt kam und ebenfalls begann, eine Botschaft zu verkünden, waren die Menschen zunächst sehr erleichtert. Alle warteten gespannt und es war totenstill. Als die Schlange aber zu reden anfing, geschah etwas sehr Merkwürdiges. „Ich bin vom Schöpfer gesandt worden und soll euch sagen, daß ihr niemals ... daß ihr niemals ... daß ihr niemals ...!“ Und auch die Schlange wiederholte nur immer wieder diese Worte, wie es ja auch dem Chamäleon vorher ergangen war. Beide gaben schließlich auf.

„Was ist los mit euch Geschöpfen?“ fragte einer der Männer ungeduldig. „Wenn sie irgendeine Botschaft vom Schöpfer haben, dann wird es wohl eine schlechte sein.“ „Verprügelt sie“, forderte ein anderer aus der Zuhörerschaft. „Ganz richtig“, sagte sein Nachbar, „entweder geben sie uns die vollständige Botschaft oder sie werden diesen Platz nicht lebend verlassen.“ Schnell suchte man Stöcke und begann, die beiden zu verprügeln, bis die Tiere schließlich tot zusammenbrachen.

Da krachte plötzlich lauter Donner vom Himmel und die Stimme des Schöpfers erschallte: „Wer hat euch das Recht gegeben, andere Geschöpfe zu töten?“ Und bevor jemand etwas antworten konnte, fuhr er fort: „Durch euer Töten habt ihr selbst den Tod, den ihr bisher nicht kanntet, auf diese Welt gebracht. Von diesem Tage an werden alle Lebewesen, ihr Menschen eingeschlossen, früher oder später sterben müssen!“ Und so kam der Tod zu den Menschen.

✲✲✲ 13 ✲✲✲

Warum die Hühner im Sande scharren

Früher waren Adler und Hühner gute Freunde. Weder die einen noch die anderen konnten fliegen. Eines Tages fand ein Adler eine Nadel mit der er sich Flügel nähen konnte. Auch machte er Flügel für die anderen Adler, und nach nicht allzulanger Zeit konnten sich alle Adler in die Lüfte erheben und davonfliegen, wenn sie es wollten.

Die Hühner wurden deshalb ein bißchen neidisch und ihr Anführer, ein Hahn, ging zum Adler, der die Nadel gefunden hatte, und bat ihn: „Wir sind lange, lange Zeit gute Freunde gewesen und haben einträchtig auf diesem Lande gelebt. Jetzt haben wir gehört, daß du eine Nadel hast, mit der du Flügel nähen kannst. Ich bitte dich, leihe uns deine Nadel, damit wir uns auch Flügel machen und fliegen können wir ihr!"

„Hör zu", sagte der Adler. „Es ist die einzige Nadel, die ich habe. Ich muß dir ehrlich sagen, ich habe Angst, daß du sie verlieren könntest und daß deshalb unsere Freundschaft in Feindschaft umschlagen könnte. Nein, ich glaube, ich möchte sie dir lieber nicht leihen."

„Ich werde dir persönlich dafür verantwortlich sein", bettelte der Hahn inständig, und nach langem Überreden gab der Adler dem Hahn die Nadel. Der Hahn nahm sie mit nach Hause und versuchte sein Glück mit dem Flügelnähen, aber bevor er auch nur ein Paar Flügel fertiggenäht hatte, war er auch schon eingeschlafen. Es dauerte nicht lange, da kamen seine Kinder nach Hause, nahmen die Nadel, begannen damit zu spielen und bald war sie auch schon verschwunden.

Als der Hahn aufwachte und davon hörte, war er sehr erschrocken. Er rief seine Frau, seine Kinder und alle Verwandten herbei und sagte: „Wir sind in großen Schwierigkeiten. Ich habe doch neulich von dem Adler eine Nadel geborgt. Mit dieser einzigartigen Nadel konnte man sich Flügel nähen. Es war aber die einzige, die er hatte. Nun hat eines der Küken die Nadel verloren. Ich weiß nicht, was ich tun soll. Sagt mir, was sollen wir machen, um die Nadel wiederzufinden?"

„Es muß eine herrliche Nadel sein", bemerkte eine mitfühlende Henne.

„Ja, wirklich, eine ganz außerordentliche Nadel", fuhr der Hahn fort. „Wie ihr alle wißt, können die Adler neuerdings fliegen, während wir immer noch auf der Erde herumgehen müssen."

„Mir macht etwas anderes Kopfzerbrechen", warf ein alter Hahn ein. „Jetzt, wo die Adler fliegen können, sind wir viel verwundbarer, wenn mal ein Streit zwischen uns und ihnen ausbricht, weil sie uns jetzt leicht aus der Luft angreifen können." „Die Frage bleibt, was ich machen soll, um die Nadel

zurückzubekommen", beharrte der Hahn, dessen Küken die Nadel verloren hatte.

Seine Frau dachte eine Weile angestrengt nach. „Du solltest nicht fragen", sagte sie dann, „was du tun mußt, sondern was alle Hühner und Hähne gemeinsam tun können, um die Nadel wiederzufinden. Denn wenn es dir gelungen wäre, zu lernen, wie man mit der Nadel Flügel nähen kann, wäre das für uns alle von Nutzen gewesen."

„Da hat sie recht", bemerkte beifällig eine andere Henne.

„Ich habe eine Idee", sagte eine besonders nachdenkliche Henne. „Stellt euch doch mal vor, wir würden morgen alle nicht arbeiten, sondern uns auf die Suche nach der Nadel begeben. Ich glaube, wenn wir alle mitmachen, finden wir die Nadel sicher bald."

Dieser Vorschlag wurde als besonders klug angenommen. Auch meinten alle, daß er sehr gut zu dem Geist der Zusammengehörigkeit passe, der unter den Hühnern und Hähnen herrsche. Alle versprachen, am nächsten Tag zur Nadelsuche zu kommen.

Tags darauf versammelten sich auch tatsächlich alle Hennen, Küken und Hähne und machten sich bereitwillig auf die Suche nach der verschwundenen Nadel. Zunächst wurde das Küken gefragt, wo es die Nadel verloren habe. „Ich weiß nicht mehr, wo sie mir heruntergefallen ist", sagte es, ohne sich besonders anzustrengen. Um nicht noch mehr Zeit zu verlieren, wurde beschlossen, daß jede Henne, jedes Küken und jeder Hahn einfach die Erde unter sich aufscharren und gut nach der Nadel Ausschau halten sollte.

Nach einer Weile fiel plötzlich einem der Adler auf, daß die Hühner angestrengt im Boden scharrten. Er berichtete den anderen Adlern davon, die sich das aufgeregte Scharren der Hühner selbst aus der Luft ansahen und unausweichlich zum dem Schluß kamen, daß ihre Nadel verlorengegangen sein mußte.

G.A. Amonde

Der Adler, der dem Hahn die Nadel geliehen hatte, wurde zu den Hühnern geschickt um ihnen eine Warnung zu überbringen. Der Adler kreiste niedrig über den Hühnern und rief so laut, daß alle es hören konnten: „Wir geben euch bis morgen Zeit, die Nadel wiederzufinden. Wenn ihr uns bis morgen mittag nicht berichten könnt, daß ihr die Nadel wiedergefunden habt, dann werden wir euch als unsere größten Feinde betrachten.“ Damit verschwand der Adler in den Wolken.

Die Hennen, die Küken und die Hähne scharrten jetzt noch angestrengter im Sand, aber keiner von ihnen konnte die Nadel entdecken. Am späten Abend versuchten sie zu schlafen, aber sie konnten keine Ruhe finden. Sobald es hell wurde, suchten sie weiter, aber gegen Mittag befürchteten sie, daß die Adler bald angreifen würden, und so sagten sie ihren Kindern, sie sollten aufhören im Sande zu scharren und sich verstecken. Genau um zwölf Uhr mittags kamen die Adler vom Himmel auf sie niedergestürzt, nahmen einige von ihnen als Beute und fraßen sie auf.

Von diesem Tage an scharren Hennen, Hähne und ihre Küken unaufhörlich im Boden und hoffen, daß sie die Nadel finden werden um sie den Adlern zurückzugeben und die alte Freundschaft wieder herzustellen. Ab und zu schauen sie zum Himmel hinauf und prüfen, ob Adler zu sehen sind, die sich vielleicht gerade auf sie stürzen wollen. Und wenn sie einen Adler sehen, verstecken sie sich schnell um genau so schnell wieder mit dem Scharren zu beginnen, wenn die Adler nicht mehr zu sehen sind.

Und so werden die Hühner immer weiter scharren, bis sie die Nadel gefunden haben.

O.A. AMONDE

Wie das Nilpferd kahl und häßlich wurde

Früher, vor langer, langer Zeit, lebte das Nilpferd auf dem Land und nicht in Flüssen oder Seen, so wie heute. Das Nilpferd war ein sehr schönes Tier, und es hatte langes und ganz, ganz weiches Haar.

All die anderen Tiere wollten auch so schöne Haare haben wie das Nilpferd, aber die Giraffe war besonders neidisch. Eines Tages wurde es bitter kalt. Alle Tiere zitterten schrecklich vor Kälte. Auch das Nilpferd zitterte, aber weil es so riesig war, hatten die anderen Tiere den Eindruck, es würde ganz besonders unter der ungewöhnlichen Kälte leiden. Natürlich zitterte auch die Giraffe, aber als sie das Nilpferd sah, tat sie so, als ob ihr die Kälte nichts ausmache. Sie näherte sich ihm und sagte: „Ich sehe, daß du schrecklich zitterst, was ist denn los mit dir? Wie kommt es, daß dieses Wetter dir mehr ausmacht, als all den anderen Tieren?“ „Ich weiß auch nicht, was mit mir los ist“, antwortete das Nilpferd. „Ich hatte schon Angst, ich müßte vor lauter Kälte sterben“.

Die Giraffe tat so, als dächte sie angestrengt darüber nach, wie sie dem Nilpferd helfen könne. Nach einer Weile sagte sie: „Eigentlich wundert es mich, um ehrlich zu sein. Deine Haare sollten doch eigentlich lang genug sein, um dich vor zu großer

Hitze oder zu großer Kälte zu schützen. Aber es sieht so aus, als würden sie dir bei diesem Wetter wenig nützen." Und dann fragte sie wie ein guter Freund, der helfen will, aber erst einmal die Ursache erforschen möchte, bevor er einen guten Rat geben kann: „Ist das schon früher einmal vorgekommen?"

„Ich muß gestehen, daß ich schon oft heiße und kalte Tage erlebt habe, aber diesmal bin ich völlig verwirrt", antwortete das Nilpferd voller Selbstmitleid.

In unmittelbarer Nähe der Stelle, wo sich Nilpferd und Giraffe unterhielten, ragte ein Vulkan in die Landschaft. Und dort gab es einen Kratersee, der durch eine kochend heiße Quelle gespeist wurde.

Die Giraffe wußte ganz genau, daß das Wasser für ein Bad viel zu heiß war und jeder, der darin schwamm, sich zu Tode verbrühen würde. „Du tust mir leid", nahm die Giraffe nach einer Weile das Gespräch mit dem Nilpferd wieder auf, „ich glaube, ich kann dir helfen. Dein Zittern ist wirklich ungewöhnlich, also sollten wir auch eine außergewöhnliche Lösung finden. In der Nähe gibt es einen warmen See, warum versuchst du es nicht mit einem Bad?" Dies schlug die Giraffe scheinheilig vor, obwohl sie wußte, daß das Wasser so heiß war, wie nur etwas heiß sein konnte. „Das ist eine gute Idee. Aber wie lange, meinst du, soll ich im Wasser bleiben? Es gibt vielleicht noch etwas anderes zu tun, als in einem See zu baden", scherzte das Nilpferd zitternd. „Du bleibst möglichst so lange darin, bis du dich wieder besser fühlst. Es ist doch wohl klar, daß du nicht weiter so zittern kannst, oder?"

„Außerdem", fügte die Giraffe noch hinzu, „soll das Wasser auch eine heilende Wirkung haben, wenn man verhext oder vergiftet ist."

Das reichte aus, um das Nilpferd zu überzeugen. Während es die Kraterwand langsam herunterstieg, kam ihm der Gedanke, was wohl passieren könne. Am Wasser angekommen, zögerte es, blieb stehen und — steckte den Zeh hinein. Das Wasser schien nicht allzu heiß zu sein. Ohne weiter darüber nachzudenken oder zu probieren, warf sich das Nilpferd hinein. Aber ach! Das Gesicht und der ganze Körper wurden durch das kochende Wasser verbrüht. Auf der Haut bildeten sich überall Blasen. Irgendwie gelang es dem Nilpferd noch, die Augen zu schließen. Mit lautem Geschrei sprang es wieder an Land. Später schälte sich dann die Haut, und das Nilpferd verlor alle seine Haare.

Zwar heilten die Verbrennungen langsam wieder, aber die Haare wuchsen nicht nach und die Wunden am Kopf verheilten schlecht. Was blieb, war ein häßliches, entstelltes Gesicht. So ist das Nilpferd bis heute nackt und kahl geblieben. Übrigens, die Giraffe hatte das Bad aus der Ferne beobachtet. Sie war mit ihrer List zufrieden. Seit diesem Tage lebt das Nilpferd in kühlen Flüssen und Seen und kommt nur zum Fressen ans Ufer. Und wenn es ein Tier gibt, daß es absolut nicht leiden kann, dann ist das die Giraffe.

OjAj Amonde

Wie sich die Tiere einen König wählten

Vor langer, langer Zeit lebten die Tiere ohne König. Sie hatten nur einen Ältesten, dessen Aufgabe es war, die anderen Tiere wieder miteinander zu versöhnen, wenn es einmal Streit unter ihnen gab. Die Mitglieder im Ältestenrat waren der Elefant, das Rhinozeros, der Büffel und das Nilpferd.

Eines Tages beriefen die Ältesten eine Versammlung aller Tiere ein. Der Elefant sprach zuerst: „Wir, die Ältesten, meinen, daß wir euch nun lange genug gedient haben. Es ist Zeit, daß ihr euch selbst einen Herrscher wählt." Die Versammlung stimmte zu. Jedes Tier wurde aufgerufen, sich für den Posten zu bewerben, doch sollte es den anderen erklären, warum es gerade sich für den besten Kandidaten hielt.

Als erster Bewerber sprach die Puffotter zu den Tieren: „Ich glaube, ich würde am ehesten zum König taugen, denn viele Tiere fürchten mich." Die Ältesten beratschlagten unter sich und prüften die Begründung, die die Puffotter gegeben hatte. Sie kamen zu dem Schluß, daß sie nicht als Herrscher in Frage kam.

Die anderen Tiere würden sie zwar als König anerkennen, aber nicht, weil sie sie liebten, sondern aus Angst vor ihrem Gift. Also versammelten sie sich wieder, und der Elefant gab bekannt, daß die Kandidatur der Puffotter abgelehnt worden war.

Als nächster sprach der Hase von seinem Wunsch, König der Tiere zu werden: „Ich glaube, ich würde mich ganz besonders gut als König eignen, weil ich außerordentlich weise bin."

Wieder trafen sich die Ältesten, um die Begründung zu prüfen. Sie stellten fest: Der Hase war sehr weise, aber er war auch sehr, sehr klein, und die größeren Tiere würden überhaupt nicht auf ihn hören wollten. „Vielleicht", so schlug der Büffel vor, „könnte er ein guter Berater für den zukünftigen Herrscher sein".

Als König jedoch wurde auch der Hase abgelehnt.

Da stand die Giraffe auf. „Ich habe so das Gefühl", sagte sie und reckte langsam, damit es alle sehen konnten, ihren Hals, „daß ich einen guten Herrscher abgeben würde. Schaut nur, wie groß ich bin und wie weit ich sehen kann."

Die vier Ältesten versammelten sich wieder, um über die dritte Bewerbung zu beraten. Sie waren der

O A Amonde

Meinung, daß die Giraffe zwar unübersehbar groß, aber als Herrscher auch viel zu gutherzig war. Die anderen Tiere würden sie nicht ernst nehmen. Die Bewerbung der Giraffe wurde zurückgewiesen.

Eine ganze Weile waren alle Tiere still und sahen sich an. Da richtete sich plötzlich der Löwe auf, kratzte sich den Bart, brüllte und sprach mit tiefer Stimme: „Ich bin es, der euer König sein wird. Ich werde euer König, weil es unter euch kein Tier gibt, vor dem ich Angst habe“. Wieder trafen sich die Ältesten, um sich zu beraten, und dieses Mal taten sie sich schwer, eine Entscheidung zu treffen. Sie wußten sehr gut, daß der Löwe gewalttätig sein konnte und daß er bei den anderen Tieren nicht sehr beliebt war. Wenn sie es allerdings wagen würden, sich gegen ihn zu entscheiden, würde er sich an jedem einzelnen von ihnen rächen. Andererseits — wenn sie ihn wirklich zu ihrem König machten, würde er seine Stellung ausnutzen und die anderen Tiere der Versammlung töten und fressen.

Nach langem hin und her gaben sie das Ergebnis ihrer Beratung bekannt. Der Elefant wandte sich an die Versammlung der Tiere und sagte: „Wir haben beschlossen, daß der Löwe unser König sein soll.“

Da klatschten alle Tiere und lobten den neuen König. Die Versammlung wurde beendet, alle trennten sich und gingen aus Angst schnell nach Hause.

Von diesem Tage an ist der Löwe der König der Tiere. Und immer wenn er brüllt, suchen die anderen Tiere Schutz im naheliegenden Gebüsch.

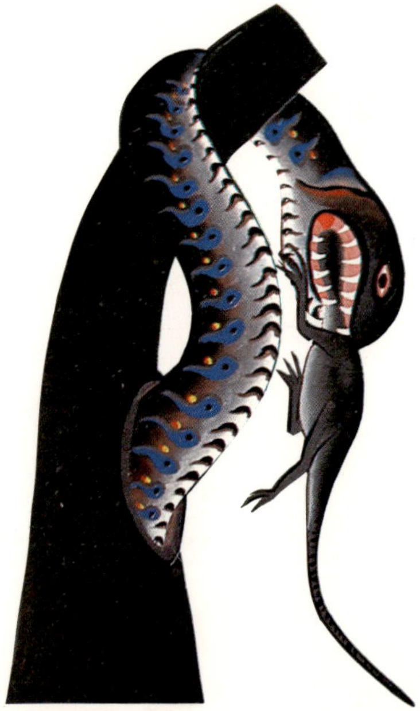

Wie die Giraffe zu ihrem langen Hals kam

Die Giraffe und das Nashorn hatten beide Hälse, die sehr kurz waren. Da sie gute Freunde waren, trafen sie sich häufig zu gemeinsamen Spaziergängen. Eines morgens, als sie beide zusammen grasten, hielt die Giraffe plötzlich inne und klagte: „Ich mag dieses Gras eigentlich gar nicht. Nashorn, findest du nicht auch, daß dieses Gras nach gar nichts schmeckt?"

„Du hast recht. Ich habe mich die ganze Zeit schon zwingen müssen, dieses Gras zu fressen, aber je mehr ich davon fresse, um so schlechter schmeckt es mir. Aber was sollen wir anderes fressen?"

„Was meinst du, warum das Gras so ungenießbar ist?" „Ich bin nicht ganz sicher, aber ich glaube, es kommt daher, daß so viele Tiere darauf herumtrampeln. Gras, auf dem alle möglichen Tiere herumlaufen, kann uns doch gar nicht mehr gut schmecken. Weiß du, manchmal wünschte ich, daß wir groß genug wären, um an die weichen Blätter heranzukommen, die wir auf den Bäumen sehen. Sieh sie dir an, wie frisch sie aussehen …" Das Nashorn zeigte auf die saftigen Blätter am nächsten Baum.

„Was können wir tun, um an die appetitlichen Blätter heranzukommen?" fragte die Giraffe nachdenklich. „Was hältst du davon, wenn ich auf deinen Rücken steige? Wenn ich genügend Blätter gefressen habe, kannst du dich ja auf meinen Rücken stellen und so viel fressen, bis du satt bist. Was hältst du davon, Nashorn?"

„Ich finde es nicht gut, wenn jemand auf meinem Rücken steht", verwarf das Nashorn die Idee. „Außerdem kommst du dann immer noch nicht an die Blätter heran."

„Was sollen wir also tun, um an die Blätter heranzukommen?" fragte die Giraffe. Sie war ein bißchen enttäuscht darüber, daß das Nashorn den Vorschlag nicht gut fand.

„Ich habe mir etwas anderes ausgedacht", sagte das Nashorn, nachdem es einen Moment überlegt hatte. „Ich glaube, der Mensch kann uns helfen. Komm, wir gehen zu ihm und bitten ihn um Rat."

So gingen die zwei Tiere zum Menschen und klagten ihr Leid. Der Mensch hörte ihnen aufmerksam zu und sagte dann: „Euer Problem ist doch so einfach zu lösen. Wenn ihr wollt, daß ich euch helfe, müßt ihr morgen zur Mittagszeit wiederkommen. Gerade jetzt bin ich sehr beschäftigt, aber ich habe ein Mittel, mit dem ich eure Beine und Hälse wachsen lassen kann, und dann werdet ihr ganz leicht an die Blätter auf den Bäumem herankommen. Also, vergeßt nicht, morgen mittag wieder hierher zu kommen. Ich habe nur morgen mittag Zeit". Da gingen sie beide wieder fort und legten sich schlafen.

Während die Giraffe aufpaßte, daß sie die Verabredung mit dem Menschen nicht vergaß, verschlief das Nashorn den nächsten Vormittag. Als es Mittag war, klopfte die Giraffe beim Menschen an, während das Nashorn noch im Tiefschlaf vor sich hinschnarchte.

„Wo ist dein Freund, das Nashorn“, fragte der Mensch die Giraffe, nachdem sie eine Weile gewartet hatten. „Ich weiß nicht, warum es so spät kommt“, antwortete die Giraffe. „Seit wir uns gestern getrennt haben, habe ich es nicht mehr gesehen.“

„Wir können ja noch ein bißchen warten, aber wenn es nicht bald kommt, kann ich mich nur um dich kümmern, denn ich habe wenig Zeit“, sagte der Mensch und ging ins Haus, um das Mittel anzurühren.

Kurze Zeit darauf kam der Mensch wieder heraus. Das Nashorn war immer noch nicht da. „Vielleicht kommt es ja gar nicht. Komm, Giraffe, ich werde dich jetzt behandeln“. Er gab der Giraffe eine merkwürdig aussehende Medizin zu trinken.

Die Giraffe fiel in eine tiefe Bewußtlosigkeit, und als sie wieder zu sich kam, waren ihre Beine und ihr Hals so lang geworden, daß sie ohne Mühe die Blätter von den höchsten Bäumen in der Savanne fressen konnte. Sie bedankte sich beim Menschen und begann, Blätter von den Bäumen zu fressen, an die sonst kein Tier herankam.

Inzwischen war das Nashorn aufgewacht. Es erinnerte sich an die Verabredung, die es mit dem Menschen hatte und lief so schnell es konnte zu dessen Haus. „Da bin ich, Mensch“, keuchte es, „ich habe verschlafen. Ist die Giraffe schon hier gewesen?“

„Die Giraffe war rechtzeitig hier“, antwortete der Mensch. „Ich dachte, du hättest es dir anders überlegt, deshalb habe ich die ganze Medizin der Giraffe gegeben. Für dich ist nichts mehr übrig.“

Da wurde das Nashorn sehr böse und wollte den Menschen über den Haufen rennen. Der Mensch aber sprang schnell zur Seite. Nashörner können bis heute niemanden verfolgen, der nicht direkt vor ihnen steht. Und wer in Zick-Zack-Linien wegläuft, der verwirrt das Nashorn völlig. —

Seit dieser Zeit ist die Giraffe das einzige Tier, das durch seinen langen Hals und seine langen Beine an die Blätter der Bäume heranreicht. Das Nashorn aber frißt weiterhin Gras. Und wenn es einen Menschen sieht, möchte es ihn am liebsten über den Haufen rennen.

Wie die Vögel ihre Heimat in den Bäumen fanden

Es ist schon lange her, da lebten die Vögel auf dem Land, wie alle anderen Tiere auch. Nicht ein einziger Vogel wußte, daß er auch fliegen konnte.

Wie die anderen Tiere, aßen auch die Vögel Blätter, Körner und Fleisch. Da kam plötzlich eine Regenzeit, in der es sehr viel regnete und fast das ganze Land überschwemmte. Nur die größeren Tiere und die Strauße konnten noch Nahrung finden; die Vögel mußten hungern. In ihrer Not versammelten sich die Vögel, um die Lage zu besprechen. Sie wollten gemeinsam überlegen, welche Möglichkeiten es für die Nahrungssuche gab und wo sie die neuen Unterkünfte bauen sollten.

„Warum graben wir nicht einfach Kanäle und lassen das Regenwasser in die Flüsse ab?" fragte ein alter Vogel. Der Gedanke wurde lange diskutiert, aber schließlich einstimmig abgelehnt, denn er war nicht auszuführen, da ja die Vögel keine Hacken hatten. Sie hatten nur Schnäbel und Krallen, mit denen sie den Boden höchstens aufkratzen konnten. In einer langen Debatte wurden viele Vorschläge gemacht, aber sie wurden nacheinander verworfen. Sie konnten keine Lösung finden.

Die Ente wurde langsam ungeduldig und versuchte, im Wasser zu leben. Sie gewöhnte sich auch mit der Zeit daran, aber als andere Vögel versuchten, es ihr nachzumachen, scheiterten sie kläglich oder ertranken.

„Hört bitte alle einmal her", rief der Adler, der den Vorsitz hatte, „es ist wohl jedem von uns klar, daß es so nicht weitergehen kann. Viele von uns sind schon verhungert. Ich möchte euch vorschlagen, daß ihr mir gestattet, jemanden um Rat zu fragen, der klüger ist als wir. Ich habe da an den Hasen gedacht. Er hat normalerweise schnell eine Lösung für solche Probleme bei der Hand. Erlaubt ihr mir, daß ich seinen Rat einhole?"

Sie besprachen den Vorschlag und stimmten zu. Der Habicht und die Krähe wurden bestimmt, den Adler zu begleiten. Und so watete eine Delegation von drei Vögeln, angeführt vom Adler, durch das Wasser und den Schlamm, bis sie beim Hasen angelangt waren, der sein Haus auf einem Hügel hatte. Er war schon dorthin gezogen, als er die ersten Regenwolken am Himmel gesehen hatte.

„Hodi", rief der Adler zur Begrüßung, als sie an der Hütte des Hasen ankamen.

„Karibu", antwortete die Frau des Hasen, bat die Gäste in die Hütte und gab ihnen Erdnüsse zum Knabbern. Während sie sich mit den Nüssen beschäftigten, rief die Hasenfrau ihren Mann. Er war es gewohnt, daß Besucher zu ihm kamen und ihn um Rat in allen Lebensfragen baten.

OJAJ AMONDE

„Was habt ihr für ein Problem, Vögel", fragte der Hase und nieste laut, denn er hatte sich erkältet. Der Adler begann: „Wie du weißt, ist das Land überschwemmt. Wir haben nichts zu essen und kein Dach mehr über dem Kopf. Einige von uns sind sogar schon gestorben. Wir denken, daß du uns vielleicht sagen kannst, was wir tun sollen."

Der Hase hörte aufmerksam zu. Seine großen Ohren standen steil nach oben. Als der Adler fertig war und schwieg, zwirbelte der Hase seinen langen Schnurrbart, sah die drei Vögel der Reihe nach an und sagte schließlich: „Ihr Vögel wißt ja gar nicht, wieviel Glück ihr habt."

„Wie sollen wir das verstehen?" fragte die Krähe ungläubig. „Ihr habt Beine, wie andere Tiere auch. Deshalb könnt ihr euch gut auf dem Lande bewegen."

„Ja, aber das Land steht doch unter Wasser, das hat der Adler doch schon erklärt", unterbrach der Habicht. „Außerdem habt ihr Flügel, und die hat kein anderes Tier", fuhr der Hase fort. „Ihr braucht sie doch nur auszubreiten und euch in die Lüfte zu erheben." Die drei Vögel konnten kaum glauben, was der Hase sagte. Sie sahen sich erstaunt an.

Als erster versuchte der Adler, seine Flügel zu gebrauchen. Er breitete sie aus und nahm einen kurzen Anlauf. Beim Laufen schlug er eifrig mit den Flügeln und hob tatsächlich etwas vom Boden ab. Er fiel aber gleich wieder herunter. Beim zweiten Mal jedoch flog er schon zum Himmel empor. Er war der erste Vogel, der jemals flog. Der Habicht und die Krähe folgten ihm sofort und siehe da, auch sie konnten fliegen. Alle drei waren so erfreut über ihre Fähigkeiten, daß sie völlig vergaßen, sich beim Hasen zu bedanken. Sie flogen zu den anderen Vögeln zurück, die schon ungeduldig auf sie warteten.

„Gute Nachrichten", rief der Adler, noch bevor er richtig gelandet war. „Jeder von uns hat Flügel, also kann auch jeder fliegen." Inzwischen waren auch der Habicht und die Krähe angekommen und führten eine Landung vor, die alle Vögel erstaunen ließ. Kaum hatte der Adler den anderen Vögeln gezeigt, wie sie fliegen sollten, da erhoben sie sich auch schon nacheinander in die Lüfte. Sie bauten sich Nester auf den Bäumen, um wieder ein Dach über dem Kopf zu haben. Auch begannen sie, sich von den Blättern und Früchten der Bäume zu ernähren. Diese neue Heimat gefiel den Vögeln so gut, daß sie nicht wieder von den Bäumen herunter wollten, auch später nicht, als die Regenzeit vorbei war und das Wasser im Boden versickerte. Seitdem kommen sie nur noch herunter, um Wasser zu trinken oder den Menschen Getreide von den Feldern zu stehlen.

Nachwort

Als ich im August 1976 Deutschland verließ, um für zwei Jahre auf der Insel Sansibar vor der ostafrikanischen Küste zu leben, nahm ich mir vor, etwas mit nach Hause zu nehmen, daß nicht nur als Souvenir meine Wohnung schmückt, sondern ich wollte den Daheimgebliebenen etwas über das Land vermitteln. Und so entschloß ich mich, ein Buch zu machen. Da ich eine besondere Vorliebe für Kinderbücher habe, sollte es ein Kinderbuch — auch für Erwachsene — werden. Mir war bekannt, daß in Dar es Salaam, der Hauptstadt Tanzanias im Institut für Erwachsenenbildung ein Mann arbeitete, der Geschichten von Dorfältesten der einzelnen Volksgruppen mit dem Tonband aufgenommen hatte und diese auch als Lesebuch für Kinder und Erwachsene in der Landessprache Kisuahili erschienen waren. Ich lernte Simoni Malya dann eines Tages auf einem Empfang der deutschen Botschaft in Dar kennen und er war hocherfreut über mein Interesse an seiner Arbeit. Er versprach mir, die Hefte und auch eine englische Übersetzung der Texte zuzuschicken. Da mein Kisuahili nicht ausreichte, um die Geschichten zu lesen, begnügte ich mich mit der englischen Fassung und stellte fest, daß es sich hauptsächlich um Tierfabeln handelte. Mein nächster Gedanke war, den mir aus meinem ersten Afrika-Aufenthalt im Jahre 1975 bekannten Maler Omari Amonde aufzusuchen, der bei Dar es Salaam in dem Fischerdorf Msasani lebte. Also buchte ich einen Flug von Sansibar nach Dar und machte mich mit den Texten auf den Weg zu Amonde.

Da ich nicht mehr genau wußte, wo er wohnte, fuhr ich mit der Taxe zum Morogoro-Store an der Oysterbay, wo die Bilder der Maler zum Verkauf angeboten werden. Manchmal konnte man dort nämlich einen der Maler finden, aber an diesem Tag waren nur zwei Verkäufer da. Einer der beiden stieg ins Taxi und fuhr mit uns zum Haus von Amonde, der zwischenzeitlich umgezogen war. Er freute sich, mich wiederzusehen und als ich ihm erzählte, daß ich nun in Sansibar lebte, nannte er mich gleich „Mama Kutoka Zanzibar“. Meinen richtigen Namen weiß er sicher bis heute nicht, er hat mich auch nie danach gefragt. Meinem jungen Begleiter drückte ich die Lesebücher in die Hand und erklärte ihm in englisch, daß ich zu diesen Geschichten gern Bilder von Amonde gemalt bekäme. Amonde nahm die Bücher entgegen und versprach, etwas dazu zu malen.

Da ich wußte, daß Amonde und seine Familie von den Einkünften der verkauften Bilder lebten, gab ich ihm eine bestimmte Summe im voraus. Es passierte einmal, daß er ein für mich gemaltes Bild verkaufen mußte, weil ich mich wegen schlechter Verkehrsverbindungen von der Insel zum Festland lange nicht gemeldet hatte.

Die Bilder sind mit Lackfarben auf Hartfaserplatten gemalt, weil es keine Malfarben und auch keine Leinwand in Tanzania gibt. Auf meinen besonderen Wunsch sind alle Bilder im Rechteckformat gemalt, obwohl die Maler überwiegend auf quadratischen Formaten arbeiten. Meine „europäische“ Phantasie ging so weit, daß ich ein rechteckiges Bild im Hochformat wollte, weil es mich interessierte, wie Amonde dies formal lösen würde. Er hat es großartig gelöst, aber ich glaube, daß diese für ihn strapaziöse Idee unter uns blieb. Amonde hat im Verlaufe von zweieinhalb Jahren etwa 30 Bilder für mich gemalt. Als ich ihn das letzte Mal im Juli 1979 besuchte, brachte ich einige Farbfotos seiner Bilder mit. Er konnte sich vor Freude kaum wieder beruhigen. Viele Europäer hätten ihm Fotos versprochen, aber niemals habe er welche bekommen.
Da mir zu der Geschichte „Warum jeder einmal sterben muß“ noch eine Illustration fehlte, bat ich ihn um eine solche. Es ist die Geschichte von der Vertreibung aus dem Paradies. Wie verblüffte mich Amonde mit seiner Frage, ob er den Gott „weiß“ oder „schwarz“ malen solle. Ich habe dem Künstler die Entscheidung selbst überlassen.

Zu den in Tanzania bekannten Tiergeschichten ist zu bemerken, daß sich die Wiederholungen der Wörter im Text aus den mündlichen Überlieferungen ergeben. Simoni Malya hat diese Eigenheit in seinen schriftlichen Aufzeichnungen nicht verändert. Die einfache Erzählweise ist Teil des Lernziels bei der Erwachsenenbildung geblieben.

Ingrid Jaax, 15. 6. 1981

Kinder in Afrika

Kathrin Lutz-Marxer / Christoph Lutz
Muraho!
Zu Besuch bei der Familie Sibomana
32 Seiten / 4. Auflage / Bilderbuch-Querformat / DM 16,80

Das Verständnis für die Menschen in der Dritten Welt sollte bereits beim Kind geweckt werden. Dieses detailreiche und farbenprächtig illustrierte Buch ist zum Vor-und Selberlesen für Kinder im Kindergarten- und Grundschulalter gedacht. Einen Tag lang besuchen die Leser und Betrachter eine afrikanische Familie in Ruanda und gewinnen Einblick in das Alltagsleben in diesem Dorf.

Begleitheft zum Bilderbuch
Für alle, die die Arbeit mit dem Bilderbuch „Muraho!" in der Familie, im Kindergarten und in der Schule vertiefen möchten.
32 Seiten / 4. Auflage / mit Fotos und Illustrationen / DM 5,—

Truus Nijhuis
Afrikanische Kinderspiele
Aus dem Holländischen von Gerd Meuer
96 Seiten / mit vielen Fotos / Großformat / DM 12,80

Ursula Krebs
Wir lieben unser Land
Kinder erzählen aus Tanzania
32 Seiten / 2. Auflage / mit vielen farbigen Fotos / Großformat / DM 9,80

Hans Martin Große-Oetringhaus
Makoko
Abenteuer in Kenia
144 Seiten / mit vielen farbigen Fotos / Jugendtaschenbuch / DM 9,80

CIP-Kurztitelaufnahme der Deutschen Bibliothek

Malya, Simoni:
Wie die Giraffe zu ihrem langen Hals kam und andere Fabeln aus Tansania / gesammelt von Simoni Malya, mit Bildern von Omari Amonde. Hrsg. u. mit e. Nachw. vers. von Ingrid Jaax. — Wuppertal: Jugenddienst Verlag, 1981.
Einheitssacht.: Folk tales of Tanzania
ISBN 3-7795-7352-0

Gestaltung: Klaus Quickert, Lünen
Satz und Druck: Bongers, Lünen